DIETA VEGETARIANA

@ Olaf Rico

Publicado por Robert Corbin

@ Olaf Rico

Dieta Vegetariana: Consigli, Ricette, Curiosità E Benefici Dell'alimentazione Vegetariana

Todos los derechos reservados

ISBN 978-87-94477-96-3

TABLA DE CONTENIDO

Tagine De Verduras Con Cuscús 1

Pastel De Tofu De Vegetales Mixtos 4

Sándwich Picante De Zanahoria Y Hummus 6

Tofu Ennegrecido Crujiente Con Col Rizada + Quinoa 8

Brochetas De Jengibre Crudo 14

Horneado De Huevo Con Espinacas Y 28 Quesos 17

Ensalada De Cebolla Y Pepino 19

Muffins Salados Con Queso Y Calabacín 21

Envolturas De Pepino Con Hummus Y Verduras 25

Focaccia Con Tomates Secos Y Aceitunas 28

Crema De Leche De Coco Con Frutillas 32

Ensalada De Huevo A La Romana 33

Coles De Brusela A La Crema 35

Tarta De Cebollas 38

Tarta De Elote 41

Tarta De Champiñones Y Cheddar 43

Gachas De Cáñamo Y Chía 45

Desayuno Rápido Con Fresas Y Nueces 47

Calabazan Risotto De Coliflor 49

Waffles De Coliflor 51

Olla A Presión De Yogur Cetogénico 53

Cereal De Semilla De Lino 56

Curry Rojo Tailandés 58

Gratinado De Calabaza Dorada, Pimiento Morrón Y Tomate 60

Hongo Stroganoff 62

Pizza Para Amante De Vegetales Y Piña (Vegana) 65

Sopa De Calabacín Y Zanahoria Y Jengibre 68

Patatas Fritas Al Horno Casero 72

Frittata De Verduras Asadas 74

Deliciosa Sopa De Coliflor 76

Sopa Cremosa De Apio 78

Risotto A La Milanesa 80

Risotto Con Pétalos De Vino Rosado Y Blanco 82

Espagueti Con Albóndigas Vegetales De Lentejas Y Setas 84

Timbal De Calabacín Y Ricotta 87

Empanadas De Quinoa Y Frijoles 90

Ensalada De Cuscús Con Verduras Y Frutos Secos 93

Fuente De Coliflor Con Crema De Coco 96

Ensalada A La Romana 99

Ensalada De Tomate Y Queso Vegetariano 100

Pizza Con Cebolla Y Queso De Cabra 102

Pizza Vegetariana De Cuatro Quesos 105

Pizza Vegetariana 107

Pudín De Desayuno Con Semillas De Chía Y Vainilla 109

Baya De Coco Al Horno 111

Desayuno De Quinua Y Arándanos 113

Mini Quiche Keto De Champiñones 114

Crepes De Huevo 116

Sopa Cremosa De Calabaza 118

Risotto De Lentejas 120

Tarta De Pastor Vegano A La Manera Tradicional........ 122

Arroz De Espinacas Y Zanahoria 126

Revuelto De Tofu Del Suroeste 128

Bok Choy Y Sopa De Tallarines Soba Con Champiñones Silvestres 132

Envoltura De Hummus De Lentejas Y Tomates Secos.. 135

Huevo De Aguacate Al Horno........................ 139

Tagine de Verduras con Cuscús

Ingredientes:

- 1 berenjena grande, picada en trozos de 1 pulgada
- 2 pimientos rojos medianos, sin hueso y cortados en tiras finas
- 1/3 taza de pasas doradas
- 1 1/2 cucharaditas de comino molido
- rama de canela de 2 pulgadas
- 1 1/2 cucharaditas de cúrcuma en polvo
- 1 1/2 cucharaditas de curry en polvo
- Cocine 1 1/2 tazas de cuscús instantáneo, de acuerdo con las Direcciones:del paquete.
- 1/4 taza de cilantro fresco, picado

- 3 zanahorias grandes, lavadas y picadas en trozos de 1 pulgada
- 2 calabacines medianos, picados en trozos de 1 pulgada
- 4 dientes de ajo picados
- 1 cebolla grande, picada
- Sal al gusto
- 3 1/4 tazas de caldo de verduras

Direcciones:

1. Ponga una sartén grande a fuego medio. Agregar el aceite. Cuando el aceite esté caliente, sofreír las cebollas hasta que estén transparentes.
2. Agregue el ajo y saltee por un minuto más o hasta que esté fragante.
3. Agregue las zanahorias, el caldo, la cúrcuma en polvo, el curry en polvo, el comino y la canela y deje hervir.
4. Deje hervir a fuego lento durante 10 minutos.
5. Agregue los INGREDIENTES:restantes (agregue la mitad del cilantro) y cocine hasta que estén tiernos.
6. Retire la estufa.
7. Divida el cuscús y sírvalo en platos individuales. Sirve el tagine sobre el cuscús.
8. Decore con el resto del cilantro y sirva.

Pastel de tofu de vegetales mixtos

Ingredientes:

- 1 taza de pimiento rojo picado
- 1 taza de pimiento amarillo picado
- 1 1/2 tazas de zanahorias picadas
- 8 cebolletas, picadas
- 2 tazas de hojas de apio picadas
- 2 tomates medianos, en rodajas
- 6 cucharadas de levadura nutricional
- 2 bloques de tofu extra firme, desmenuzado
- 1/4 taza de aceite de oliva
- 5 cucharadas de mostaza de Dijon o al gusto
- 1/4 taza de salsa de soja baja en sodio

- 5 tazas de espinaca fresca picada

- Pimienta negra en polvo al gusto

- Sal al gusto

Direcciones:

1. Rocíe una fuente para hornear con aceite en aerosol.
2. Mezcle la mostaza, el pimentón, la salsa de soja, las espinacas, las zanahorias, las cebollas, el tofu, la sal y el apio en la fuente para hornear. Esparcir en el plato y presionar bien.
3. Coloque las rodajas de tomate encima y espolvoree levadura nutricional encima.
4. Hornee en un horno precalentado a 425 ° F durante aproximadamente 45 minutos.

SÁNDWICH PICANTE DE ZANAHORIA Y HUMMUS

INGREDIENTES:

- 1 cucharadita de semillas de alcaravea, el comino también estaría bien
- 1 cucharada de aceite de oliva
- Pizca de hojuelas de pimiento rojo
- Del himalaya /mineral, al gusto
- Cuatro rebanadas de pan de su elección (francés , de masa fermentada, de centeno o integral se combinarían muy bien)
- 2 – 3 zanahorias grandes, ralladas gruesas
- 2 dientes de ajo, en rodajas finas
- Hummus para untar
- Cilantro

- Pimienta molida, opcional

DIRECCIONES:

1. Saltee las zanahorias: en una sartén, caliente el aceite a fuego medio, agregue las zanahorias, el ajo, las semillas de alcaravea y sazone con sal y pimienta roja. Cocine hasta que las zanahorias se hayan ablandado, aproximadamente 4 minutos. Dejar enfriar.
2. Pan de Direcciones: tuesta o asa tu pan, o déjalo como está.
3. Ensamblar: Cubra ambos lados del pan con hummus (hago ambos lados porque me encanta el hummus). Agregue la mezcla de zanahoria, cubra con cilantro y sazone con pimienta negra.

TOFU ENnegrecido CRUJIENTE CON COL RIZADA + QUINOA

INGREDIENTES:

Quinua:

- 1 taza de quinua seca (usé tricolor de Trader Joe's)
- 1 3/4 tazas de agua
- 1/2 cucharadita de ajo en polvo
- sal al gusto

Tofu ennegrecido:

- 1 bloque (14-16 oz) de tofu orgánico, súper firme (pref) o extra firme
- 2 cucharadas de tamari, amino de coco o salsa de soya ligera
- 1 cucharada de aceite de oliva

Mezcla de especias:

- 2 cucharaditas de pimentón
- 1/2 cucharadita de pimienta negra
- 1 cucharadita de maicena, opcional
- 1 cucharadita de ajo en polvo
- 1 cucharadita de cebolla en polvo
- 1/2 cucharadita de sal
- 1 cucharadita de tomillo
- 1/2 cucharadita de orégano
- 1/8 cucharadita de pimienta de cayena

Rizada salteada :

- col rizada picada, usé un paquete orgánico de 10 oz de Trader Joe's
- 2 cucharadas de levadura nutricional

- 1/2 cucharadita de ajo en polvo

- 1 cucharada de aceite de oliva o 1/4 taza de agua o caldo de verduras

- sal al gusto

DIRECCIONES:

Quinua:

1. Enjuague su quinua con agua corriente fría para eliminar el polvo (si omite este paso, su quinua puede tener un sabor amargo).
2. En una olla mediana, agregue la quinua, el ajo en polvo, una pizca de sal y agua, deje hervir. Reduzca el fuego, cubra y cocine a fuego lento durante 15 min.
3. Una vez hecho esto, destape, revuelva y deje reposar durante 10 minutos para que se enfríe y absorba el exceso de agua.
4. Pelusa antes de servir. Será una quinoa perfecta, esponjosa y germinada.

Direcciones:de tofu:

5. Abre y escurre el tofu.
6. Corta el tofu en 4 losas grandes, o del tamaño que prefieras.
7. Presione el tofu entre toallas de papel o paño de cocina para eliminar el exceso de humedad.
8. En un plato poco profundo, coloque el tofu y el tamari y déjelos reposar mientras mezcla el condimento para ennegrecer, voltee después de unos minutos para dejar que el otro lado se remoje.

Condimento ennegrecido:

9. En un tazón mediano de fondo plano, combine todos los INGREDIENTES:de la mezcla de especias y mezcle hasta que se mezclen. Esto es bastante picante, por lo que puede considerar usar menos pimienta negra y/o cayena.
10. Coloque los trozos de tofu en la mezcla de especias, presione suavemente para obtener

una buena cobertura, gire y repita por todos lados.

Cocinar tofu:

11. En una sartén, caliente el aceite a fuego medio-alto, agregue el tofu cubierto y cocine 5 minutos por cada lado.

Rizada salteada :

12. En un wok o sartén grande, caliente el aceite a fuego medio, agregue la col rizada y saltee durante 2 minutos, revolviendo con frecuencia.
13. Espolvoree levadura nutricional y ajo en polvo por encima, volteando y moviendo la col rizada para que todas las especias se mezclen bien por toda la col rizada.
14. Continúe salteando durante otros cuatro a 5 minutos, o hasta que esté verde brillante y apenas marchita. Puede dejar una tapa puesta por un minuto aquí y allá entre salteados para ayudar a suavizar la col rizada. Cuando la col

rizada se vuelve de color verde brillante, está a punto de retirarse del fuego. Pruebe una pieza y vea si es demasiado de su agrado, si no, saltee un poco más. A algunos les puede gustar crujiente y a otros les puede gustar más suave.

15. Para variar, el tofu ennegrecido también sería excelente con guarniciones clásicas como esta Ensalada vegana de macarrones, Ensalada vegana de papas o Pan de maíz vegano.
16. Almacenar: Las sobras se pueden guardar en el refrigerador hasta por 5 días, en un recipiente tapado.

BROCHETAS DE JENGIBRE CRUDO

INGREDIENTES:

- 1 1/2 cucharaditas de jengibre en polvo
- 1 cucharada de melaza orgánica sin azufre
- 1/2 cucharadita de vainilla
- 1/4 cucharadita de canela
- 1/8 de cucharadita de nuez moscada o clavo molido
- 1/8 cucharadita de sal
- 1 taza de avena, regular o rápida
- 1/2 taza de almendras crudas
- 1/4 taza de jarabe de arce puro o 3/4 taza de dátiles (7-8), sin hueso y picados

- para rodar, opcional

semillas de sésamo crudas:

- canela

- Coco rallado

DIRECCIONES:

1. **Mezclar en harina:** Combine la avena y las almendras en el tazón de un procesador de alimentos, mezcle hasta obtener una consistencia bastante fina, no tiene que ser perfecta.

2. **Agregue los INGREDIENTES:restantes:** agregue el resto de los ingredientes, mezcle hasta que se combinen y tengan una consistencia similar a la masa, aproximadamente 1 minuto, deteniéndose para raspar los lados según sea necesario. Si por alguna razón agregó más avena o nueces/semillas y siente que está demasiado

seco, intente agregar 1 cucharada de agua a la vez para obtener la consistencia deseada.

3. **Enfriar:** coloque la mezcla en el refrigerador durante aproximadamente 20 minutos para ayudar a endurecer la masa para enrollarla.
4. **Enrollar:** Usando una cuchara medidora de 1 cucharada, recoja cucharadas redondeadas de masa y enrolle en bolas de 1 pulgada.
5. **Toque final:** Enrolle las trufas en cacao en polvo a elección, coco rallado, canela o semillas de sésamo blanco para un aspecto más acabado.
6. **Tienda:** Manténgase refrigerado y disfrute dentro de dos semanas más o menos. Para un almacenamiento más prolongado, manténgalo en el congelador hasta por 2 a 3 meses. Deje descongelar en el refrigerador.

Horneado de huevo con espinacas y 28 quesos

Ingredientes:

- 1 1/2 tazas de muzzarella
- 1 cucharadita de aceite de oliva
- 5 onzas de espinacas frescas
- 8 huevos batidos
- 1 cucharadita de condimento en espiga
- 1/3 taza de cebolla verde, en rodajas
- Pimienta
- Sal

Direcciones:
1. Precaliente el horno a 375 F.
2. Rocíe la cacerola con aceite en aerosol y reserve.

3. Caliente el aceite en una sartén grande a fuego medio.
4. Agregue las espinacas y cocine hasta que se ablanden, aproximadamente 2 minutos.
5. Transfiera las espinacas cocidas a la cacerola y extiéndalas bien.
6. Extienda la cebolla y el queso sobre la capa de espinacas.
7. En un tazón pequeño, mezcle los huevos, la pimienta, el condimento en espigas y la sal.
8. Vierta la mezcla de huevo sobre la mezcla de espinacas y revuelva suavemente.
9. Llevar al horno precalentado por 35 minutos.
10. Cortar en trozos y servir.

Ensalada De Cebolla Y Pepino

Ingredientes:

- 1/4 taza de crema agria
- 1 diente de ajo, rallado
- 1 cucharada de eneldo, picado
- 1/4 taza de cebolla roja, en rodajas
- 2 pepinos grandes, en rodajas
- 4 cucharadas de vinagre blanco
- Pimienta
- Sal

Direcciones:

1. Agregue todos los INGREDIENTES:en el tazón grande y mezcle hasta que estén bien combinados.

2. Coloque la ensaladera en el refrigerador durante 30 minutos.
3. Servir frío y disfrutar.

Muffins salados con queso y calabacín

Ingredientes:

- 1 calabacín mediano, rallado
- 2 huevos
- 1/2 taza de leche
- 1/4 taza de aceite de oliva virgen extra
- 2 cucharadas de hierbas frescas picadas (por ejemplo, perejil, albahaca, tomillo)
- 2 tazas de harina
- 2 cucharaditas de levadura en polvo
- 1/2 cucharadita de sal
- 1/2 cucharadita de pimienta negra
- 1 taza de queso rallado (como cheddar o parmesano)

- 1 diente de ajo, finamente picado (opcional).

Direcciones:

1. Precalentar el horno a 180°C y preparar un molde para muffins forrándolo con papel capa.
2. En un tazón grande, combine la harina, el polvo de hornear, la sal y la pimienta negra.
3. Agregue el queso rallado y el calabacín rallado al tazón y mezcle bien los INGREDIENTES:secos.
4. En otro tazón, bata los huevos, la leche y el aceite de oliva virgen extra hasta que quede suave.
5. Vierta la mezcla líquida en el tazón de INGREDIENTES:secos y mezcle suavemente hasta que los INGREDIENTES:se combinen. Asegúrate de no mezclar demasiado o los muffins quedarán gomosos.

6. Agregue las hierbas picadas y el ajo picado (si lo desea) a la mezcla y revuelva para distribuir uniformemente.
7. Rellena los moldes de papel para muffins hasta aproximadamente 3/4 de su capacidad con la masa.
8. Hornea los muffins en el horno precalentado durante unos 20-25 minutos, o hasta que estén dorados y pases la prueba del palillo (inserta un palillo en el centro de un muffin si sale limpio, ya está).
9. Una vez cocidos, deje que los muffins se enfríen en la sartén durante unos minutos, luego transfiéralos a una rejilla para que se enfríen por completo.
10. Los muffins salados de queso y calabacín son deliciosos y se sirven calientes o a temperatura ambiente. Puedes disfrutarlos como aperitivo, como acompañamiento de una sopa o como snack saludable. Puedes

guardarlos en un recipiente hermético durante unos días.

11. Esta receta es versátil y puedes personalizarla añadiendo otros INGREDIENTES:como aceitunas, pimientos o cebolla picada.

12. Son perfectos para una dieta vegetariana o para aquellos que quieren una deliciosa alternativa salada a los clásicos muffins dulces.

Envolturas de pepino con hummus y verduras

Ingredientes:

- 1 pimiento amarillo cortado en juliana
- 1 pimiento rojo cortado en juliana
- 1 calabacín cortado en juliana
- hojas frescas de lechuga o espinacas
- jugo de limón (opcional)
- 2 pepinos
- 1 taza de hummus (puedes hacerlo en casa o usar el ya preparado)
- 1 zanahoria, cortada en juliana
- Sal y pimienta.

Direcciones:

1. Pela los pepinos y córtalos en rodajas largas y finas con una mandolina o un pelapatatas.
2. Coloque las rodajas de pepino sobre una superficie de trabajo limpia.
3. Extienda un poco de hummus en cada rodaja de pepino.
4. Coloque unas tiras en juliana de zanahoria, pimiento amarillo, pimiento rojo y calabacín encima del hummus.
5. Agregue unas cuantas hojas de lechuga o espinacas frescas encima de las verduras.
6. Enrolle suavemente las rodajas de pepino con el relleno de hummus y verduras, comenzando desde abajo. Asegure los rollos con un palillo si es necesario.
7. Repite el proceso con todas las rodajas de pepino y el relleno de hummus y vegetales.
8. Transfiera las envolturas de pepino a un plato y exprima un poco de jugo de limón fresco encima, si lo desea.

9. Sazone con sal y pimienta, al gusto.
10. Sirva las envolturas de pepino con hummus y verduras como aperitivo o plato ligero.
11. También puedes acompañar con una salsa o aderezo a base de yogur para darle aún más sabor. Son frescos, crujientes y llenos de sabores sabrosos y nutritivos.

Focaccia con tomates secos y aceitunas

Ingredientes:

Para la focaccia:

- 1 cucharadita de azúcar
- 1 cucharadita de sal
- 300 ml de agua tibia
- 3 cucharadas de aceite de oliva virgen extra.
- 500 g de harina tipo 00
- 7 g de levadura de cerveza seca activa

Para el aderezo:

- 100 g de aceitunas negras sin hueso cortadas en rodajas
- 1 diente de ajo, finamente picado
- romero fresco, finamente picado

- 100 g de tomates secos en aceite, escurridos y cortados en trozos pequeños
- Sal
- Aceite de oliva virgen extra.

Direcciones:
1. En un tazón grande, mezcle la harina, la levadura seca, el azúcar y la sal.
2. Agrega el agua tibia y el aceite de oliva virgen extra a la masa y mezcla bien hasta obtener una consistencia suave.
3. Pasar la masa a una superficie de trabajo enharinada y amasar enérgicamente durante unos 10 minutos, hasta que quede suave y elástica.
4. Coloque la masa en un recipiente ligeramente engrasado con aceite de oliva, cúbralo con un paño de cocina húmedo y déjelo crecer en un lugar cálido durante aproximadamente 1 hora o hasta que doble su volumen.

5. Una vez leudada, tomar la masa y extenderla sobre una placa de horno ligeramente engrasada con aceite de oliva, dando a la focaccia la forma deseada.
6. Distribuya los tomates secos y las aceitunas en la superficie de la focaccia. Agregue el ajo picado y el romero fresco. Sazonar con un poco de sal y un chorrito de aceite de oliva virgen extra.
7. Cubra la sartén con un paño y deje reposar la focaccia durante otros 30 minutos.
8. Mientras tanto, precalentar el horno a 200°C.
9. Coloque la focaccia en el horno y cocine durante unos 20-25 minutos, o hasta que esté dorada y crujiente.
10. Saca la focaccia del horno y deja que se enfríe un poco antes de cortarla en rodajas.
11. Sirva la focaccia con tomates secos y aceitunas como aperitivo o como acompañamiento de sus platos favoritos. Es

perfecto para disfrutarlo solo o acompañado de una salsa o aliño a base de yogur o aceite de oliva.

Crema De Leche De Coco Con Frutillas

INGREDIENTES:

- ½ taza de frutillas
- 1 onza de almendras
- 1 lata de leche de coco

Direcciones:

1. Coloque 1 lata de leche de coco en la heladera durante 1 noche.
2. No la mezcle antes de abrir. Abra la lata y tire el agua de la superficie y coloque la leche en un recipiente y mezcle con una cuchara o con una batidora de mano hasta que se forme una crema. Esta crema puede mantenerse en la heladera por 3 días.
3. Para el desayuno coloque en un recipiente las frutillas, las almendras y ½ taza de crema de leche de coco.

Ensalada De Huevo A La Romana

INGREDIENTES:

- 1 cucharadita de mostaza
- 1 cucharadita de jugo de limón
- Sal marina y pimienta a gusto
- 6 Huevos
- 2 cucharadas de mayonesa
- 4 Hojas de lechuga Romana

Direcciones:
1. Cocine los huevos (huevos duros).
2. Coloque los huevos duros en un procesador con la mayonesa, la mostaza, el jugo de limón, la sal y la pimienta a gusto.

3. En una fuente coloque la lechuga cortada para ensalada y vierta la mezcla anterior. Revuelva todos los INGREDIENTES:
4. Sirva
5. Puede guardar el resto de la pasta en la heladera en un recipiente cerrado por 2 días

Coles de Brusela a la crema

INGREDIENTES:

- 1/2 cucharadita hojuelas de pimiento rojo triturado, y más para decorar

- Sal kosher

- Pimienta negra recién molida

- 1/2 taza mayonesa

- 2 huevos, ligeramente batidos

- Ralladura de 1/2 limón

- 1/2 taza queso vegetariano triturada

- 1 cucharada. aceite de oliva virgen extra

- 1/2 cebolla amarilla grande, picada

- 1 cucharada de aceite de oliva

- 2 dientes de ajo

- 2 libras de coles de Bruselas cortados en rodajas finas

- 2 cucharadas. perejil recién picado

Direcciones:
1. Caliente el horno a 200 C.
2. En una sartén grande a fuego medio, caliente el aceite. Agregue las cebollas y cocine hasta que estén blandas, 6 minutos.
3. Agregue el ajo y cocine por 1 minuto. Agregue las coles de Bruselas y las hojuelas de pimiento rojo y cocine hasta que estén tiernos, 7 minutos más.
4. Sazone con sal y pimienta, luego retire del fuego y deje enfriar.
5. En un tazón grande, mezcle la mayonesa, los huevos, la ralladura de limón y los quesos y sazone con sal y pimienta. Agregue las

verduras enfriadas y transfiéralas a una fuente para hornear mediana.

6. Hornee hasta que la superficie esté dorada y el queso burbujeante, de 30 a 35 minutos.
7. Adorne con perejil, y hojuelas de pimiento rojo y sirva de inmediato.

TARTA DE CEBOLLAS

Ingredientes:

Para la masa:

- ¼ cda de sal.

- 150 g de manteca.

- 300 g de harina de trigo.

- Agua.

Para el relleno:

- 40 g de manteca.

- 3 cdas de miel.

- 50 g de uvas pasa.

- 2 cebollas medianas.

- Sal y pimienta al gusto.

Direcciones:

1. *La masa*: unir todos los ingredientes, desde la harina hasta la manteca, esta última debe estar fría, ir homogeneizando la mezcla con agua, luego dejar reposar por media hora.
2. *El relleno*: en una sartén caliente dejar derretir la manteca dejando rehogar en ella, colocando el fuego lento y por unos diez minutos, las cebollas previamente lavadas y cortadas en rodajas.
3. Luego agregar la miel, las uvas pasas, salpimentar y cocinar por otros diez minutos más.
4. Mientras tanto todo se va revolviendo para que su cocción sea de forma uniforme.
5. En una tartera de aproximadamente unos 26 centímetros de diámetro, colocar manteca, una parte de la masa y luego distribuir en toda su área las cebollas, luego tapar con la otra parte de la masa, sellando sus bordes.

6. Colocar en el horno, con una temperatura media (180° C) por unos 30 minutos, previendo que en este tiempo se pueda haber horneado y dorado. Servir caliente.

TARTA DE ELOTE

Ingredientes:

- 1 cebolla pequeña picada en trozos.

- ½ taza de queso parmesano rallado.

- 2 huevos.

- ½ cda de pimentón.

- ½ taza de leche.

- 2 cdas de harina de trigo.

- 1 tapa de pascualina.

- 1 lata de elotes de 500 g.

- 1 lata de elote en crema 250 g.

- 30 g de manteca.

- 2 puerros cortados en trozos.

- Sal y pimienta al gusto.

Direcciones:

1. del relleno, colocar en una sartén la cebolla picada, rehogada en aceite de oliva, luego incorporar la harina hasta que se vea cocida toda la mezcla, luego poner la leche, siempre removiendo, hasta crear una salsa blanca uniforme.
2. Agregar a esta mezcla las dos latas de elotes con los condimentos, dejar todo cocinar por unos cinco minutos a fuego lento.
3. Por último, en una tartera colocar la masa y posteriormente colocar todo el relleno encima de esta. Hornear por unos 30 minutos a unos 180° C.

TARTA DE CHAMPIÑONES Y CHEDDAR

Ingredientes:

- 50 ml de crema de leche.

- 1 ramito de cebolleta.

- 1/3 taza de semillas de sésamo blanco.

- 1 cda de nuez moscada.

- Sal y pimienta al gusto.

- 400 g de champiñones.

- 2 cda de aceite de oliva.

- 200 g de queso cheddar.

- 2 huevos.

- 1 masa para tarta.

Direcciones:

1. Lavar y cortar finamente los champiñones, en láminas, saltearlos en aceite de oliva.
2. Dejar reposar para luego agregar los huevos, queso, la crema, nuez moscada, la sal y la pimienta. Dejar enfriar en la nevera por unos diez minutos.
3. Luego extender la masa en un molde para tartas, colocar encima el relleno y doblar los bordes sobre este. Luego sobre el relleno espolvorear las semillas de sésamo y la cebolleta picada.
4. Por último poner en el horno a una temperatura de 180° c por unos 30 minutos. Servir caliente.

Gachas De Cáñamo Y Chía

Ingredientes:

- 1/4 taza de harina de almendras
- 1/2 cucharadita canela
- 1 cucharada semillas de chia
- 1/2 taza de corazones de cáñamo
- 2 cucharadas semillas de lino, molidas
- 3/4 cucharadita extracto de vainilla
- 5 gotas de stevia líquida
- 1 taza (sin azúcar agregada) de leche de almendras

Direcciones:

1. Agrega todos los INGREDIENTES:en una cacerola mediana y revuelve hasta que se combinen.
2. Colócalo a fuego medio.
3. Cocine hasta que empiece a hervir.
4. Revuelva una vez y cocine por otros 2 minutos.
5. ¡Sirva caliente!

Desayuno rápido con fresas y nueces

Ingredientes:

- 2 cucharadas semillas de chia
- 1 onza. mitades de nuez
- 1 taza de leche de coco
- 1 cucharada semillas de linaza
- 4-6 fresas picadas
- 1 cucharada (sin azúcar añadido) hojuelas de coco
- 1 cucharadita vainilla

Direcciones:
1. Agregue todos los INGREDIENTES:excepto la leche de coco en un tazón y mezcle bien.
2. Agrega la leche de coco y revuelve para combinar bien.

3. ¡Servir y disfrutar!

Calabazan Risotto de coliflor

Ingredientes:

- 1 cucharada manteca
- 1/2 taza de agua
- 2 dientes de ajo, pelados y cortados en cubitos
- 1 taza de coliflor, rallada
- 1/4 taza de calabaza, rallada o en cubos
- Pimienta y sal según sea necesario

Direcciones:
1. Derrita un poco de mantequilla en una sartén a fuego medio.
2. Agrega el ajo, la coliflor y la calabaza y sazona con pimienta y sal.
3. Cocine hasta que se ablande ligeramente.

4. Agrega agua y cocina hasta que los INGREDIENTES:estén completamente cocidos.
5. Servir caliente.

Waffles de coliflor

Ingredientes:

- 2 tallos de cebolla verde 1 cda. semillas de sésamo 1 cda. aceite de oliva
- 2 cucharaditas tomillo fresco picado 1 cdta. polvo de ajo
- ½ cucharadita pimienta negro
- ½ cabeza grande coliflor en arroz
- 1 taza de queso mozzarella, finamente rallado 1 taza de berza
- 1/3 taza de queso parmesano 2 huevos grandes
- ½ cucharadita de sal

Direcciones:

1. Corta la coliflor en floretes, corta la cebolleta y saca las hojas de tomillo de sus tallos.
2. Arroz la coliflor en un procesador de alimentos, usando el modo de pulso hasta que la coliflor esté molida en una textura gruesa y quebradiza.
3. Agregue la cebolleta, el tomillo y la col al procesador de alimentos y continúe pulsando hasta que todo esté bien combinado.
4. Transfiera a un plato mezclador más grande.
5. Agregue el queso mozzarella, el queso parmesano, los huevos, las semillas de sésamo, el aceite de oliva, el ajo en polvo, la pimienta negra y la sal.
6. Mezclar para formar una masa suelta.
7. Precaliente una plancha para gofres y, cuando esté caliente, vierta la masa con una cuchara. Cocine hasta que los waffles comiencen a dorarse.
8. Servir caliente.

Olla a presión de yogur cetogénico

Ingredientes:

- ½ galón de leche entera
- 2 cucharadas. yogur con cultivos vivos de yogur

Direcciones:

1. Vierta la leche en una presión electrónica olla con ajuste de yogur.
2. Presione el botón Yogurt y ajuste el modo a la configuración de "hervir".
3. Revuelva la leche con regularidad a medida que hierve lentamente para distribuir uniformemente el calor a través del líquido.
4. Durante este proceso, llene un recipiente grande (lo suficientemente grande para contener el forro de la olla) o húndalo con agua helada.

5. Cuando la olla a presión indique que el ciclo de ebullición del yogur ha terminado, verifique la temperatura de la leche con un termómetro. Si la leche aún no está a 180 grados Fahrenheit, ejecute el ciclo nuevamente.
6. Una vez que la leche esté a 180 grados, retire con cuidado el forro de la olla y colóquelo en el baño de agua helada. Con el termómetro, controle la temperatura de la leche hasta que alcance los 110 grados.
7. En este punto, vuelva a colocar el forro en la olla a presión.
8. Ponga las 2 cucharadas de yogur activo en un tazón pequeño y agregue lentamente alrededor de 3 cucharadas de la leche tibia de la olla. Este paso templa el yogur para que los cultivos de yogur sobrevivan a la transferencia a la leche tibia.

9. Agrega el yogur a la leche en la olla después de que esté templado.
10. Tapa y mira la olla.
11. Presione el botón Yogurt y ajuste el modo a "normal". Establezca el tiempo de cocción en al menos 10 horas. Cuanto más tiempo se procese el yogur, menos dulce será.
12. Después de 10 horas, la leche debe transformarse en un yogur mucho más espeso. En esta etapa, retire el revestimiento de la olla y colóquelo en el refrigerador durante aproximadamente 4 horas.
13. Si desea un yogur más espeso al estilo griego, forre un colador con una gasa y colóquelo en un tazón grande. Coloque el yogur en el colador y deje que el suero líquido se escurra del yogur al tazón.
14. Cuando el yogur tenga la consistencia deseada, refrigéralo o sírvelo.

Cereal de semilla de lino

Ingredientes:

- ½ taza de semillas de cáñamo peladas
- 2 cucharadas. canela molida
- ½ taza de jugo de manzana
- ½ taza de semillas de lino molidas
- 1 cucharada. aceite de coco

Direcciones:

1. Pre calentar el horno a 300 grados Fahrenheit.
2. Combine los INGREDIENTES:secos en una licuadora o procesador de alimentos. Agregue jugo de manzana y aceite de coco y mezcle hasta que la mezcla esté bien combinada y moderadamente suave.

3. Extienda la masa de aproximadamente 1/16 de pulgada de espesor en una bandeja para hornear forrada de pergamino.
4. Hornee en la rejilla central del horno durante 15 minutos. Baje el fuego a 250 grados y hornee por otros 10 minutos.
5. Retire la bandeja del horno y corte el cereal horneado en cuadrados de ½ pulgada. Un cortador de pizza funciona bien para esto.
6. Regrese la bandeja para hornear al horno y apague el fuego. Mantenga la bandeja en el horno con la puerta cerrada durante aproximadamente una hora. En este punto, el cereal debe estar agradable y crujiente.
7. Sirva con leche de almendras u otra leche no láctea.

Curry Rojo Tailandés

Ingredientes:

- 2 dientes de ajo picados
- 1 pimiento verde pequeño, cortado en cubitos
- 1 pimiento rojo pequeño, cortado en cubitos
- 1 pimiento amarillo pequeño, cortado en cubitos
- 3/4 taza de espinaca picada
- 1/4 taza de pasta de curry rojo o al gusto
- 1 zanahoria, cortada en cubitos
- 2 tazas de leche de coco fina
- 1/3 taza de calabacín, picado
- 1/2 cucharada de salsa tamari

- 1/2 taza de caldo de verduras

- 3 onzas de guisantes dulces

- 1/2 taza de castañas de agua, picadas

- 1 camote mediano, picado

- 1/2 taza de floretes de coliflor

- 1 cucharada de aceite de coco

Direcciones:

1. Coloque una cacerola a fuego medio. Agregar el aceite. Cuando el aceite esté caliente, agregue la pasta de curry rojo, fría por unos minutos
2. Agregue la salsa tamari, la leche de coco y el caldo de verduras y deje hervir.
3. Agregue los INGREDIENTES: restantes y cocine a fuego lento hasta que las batatas y las castañas de agua estén bien cocidas.
4. Sirva caliente sobre arroz o pasta cocidos.

Gratinado de calabaza dorada, pimiento morrón y tomate

Ingredientes:

- 1 1/2 cucharada de aceite de oliva
- 1 diente de ajo picado
- 1/2 libra de tomates, en rodajas
- 2 cucharadas de hojas frescas de albahaca, finamente picadas
- 1/2 taza de queso parmesano vegano
- 1/2 taza de pan rallado vegano
- 1 calabaza dorada o amarilla, picada
- 1 pimiento rojo pequeño, picado
- 1 cebolla pequeña, picada
- Sal al gusto

- Pimienta en polvo al gusto

Direcciones:

1. Ponga una sartén a fuego medio. Agrega 1 cucharada de aceite de oliva. Cuando el aceite esté caliente, agregue la cebolla y el ajo. Freír hasta que las cebollas estén transparentes.
2. Agregue la calabaza, el pimentón, la sal y la pimienta. Cocine hasta que la calabaza esté tierna.
3. Agregue 2 cucharadas de queso, mezcle bien y coloque en una fuente para hornear engrasada.
4. Coloque las rodajas de tomate sobre la calabaza. Espolvoree sal y pan rallado sobre la capa de tomate. Finalmente, espolvoreamos con el resto del queso.
5. Hornee en horno precalentado a 425 ° F durante unos 20 minutos o hasta que el pan rallado esté dorado. Sirva caliente o tibio.

Hongo Stroganoff

Ingredientes:

- 2 chalotas, en rodajas finas
- 1 cucharadita de vinagre de vino tinto
- 1/2 cucharada de pimentón
- 1/2 cucharadita de mostaza de Dijon
- 1/4 de cucharadita de pimienta negra molida
- 2 cucharadas de perejil fresco o eneldo para decorar
- 3/4 de libra de champiñones surtidos, cortados en rodajas gruesas
- 1/3 taza de anacardos crudos
- 1 1/2 tazas de caldo de champiñones o caldo de verduras

- Sal marina fina al gusto

Direcciones:

1. Ponga los anacardos en un recipiente y vierta agua hirviendo sobre ellos. Cubra y deje reposar por 30 minutos.
2. Mezcle el anacardo junto con 2 cucharadas de agua remojada (deseche el resto del agua), vinagre y sal hasta que quede suave y cremoso.
3. Ponga una sartén pesada a fuego medio. Agrega los champiñones y las chalotas y cocina con un poco de caldo hasta que los champiñones se pongan de color marrón claro.
4. Si es necesario, agregue caldo hasta que los champiñones estén bien cocidos.
5. Añadir el resto del caldo, la mostaza, el pimentón y la pimienta y llevar a ebullición.
6. Reduzca el fuego y cocine a fuego lento hasta que la salsa se espese.

7. Agregue la mitad de la crema de anacardos y mezcle bien.
8. Decore con perejil y sirva con el resto de la crema de anacardos.

PIZZA PARA AMANTE DE VEGETALES Y PIÑA (VEGANA)

INGREDIENTES:

- un puñado pequeño de champiñones, en rodajas

- 1/2 pimiento morrón, yo usé naranja

- 4 – 5 tomates uva, en cuartos o en mitades

- 1/2 cebolla roja pequeña, cortada en cubitos

- hojuelas de pimiento rojo, al gusto

- Masa o base de pizza preparada

- Salsa marinara o cualquier salsa para pizza de tu elección

- 1/2 taza de piña, cortada en cubitos

- 1 – 2 jalapeños, sin semillas y cortados en cubitos
- Sal + pimienta, al gusto

Servir:

- 5 – 6 hojas grandes de albahaca picadas
- parmesano de almendras

DIRECCIONES:

1. Prepare y cocine la masa de pizza según las Direcciones:del paquete. Si usa una corteza delgada prefabricada como lo he hecho aquí, simplemente cubra y hornee.
2. Cubra con 1/3 – 1/2 taza de salsa de tomate.
3. Agregue una capa de la cobertura de pizza.
4. Hornee en una bandeja para hornear forrada o en un molde para pizza durante 10 a 15 minutos (o según las Direcciones:del paquete).

5. Sirva con albahaca picada y una ligera capa de parmesano de almendras. Para la pizza que se muestra en la receta, corté la mía en 4 rebanadas y comí doblando mi rebanada por la mitad.

SOPA DE CALABACÍN Y ZANAHORIA Y JENGIBRE

INGREDIENTES:

- 1/2 cucharadita de cúrcuma
- 1/2 cucharadita de pimentón
- 4 – 5 zanahorias medianas (alrededor de 2 tazas), cortadas en cubitos
- 2 calabacines medianos (alrededor de 2 1/2 tazas), picados
- 3 1/2 tazas de caldo de verduras (o agua)
- 1 lata (15 oz) de leche de coco (ligera o entera)
- 1/2 limón, jugo de
- 2 cucharadas de aceite de oliva o 1/4 taza de agua (para saltear al agua)

- 1 cebolla mediana (alrededor de 1 taza), picada

- 2 dientes de ajo, picados

- Jengibre fresco de 1 pulgada, picado o rallado

- 1 cucharadita de comino molido

- 1 cucharadita de cilantro molido

- Del himalaya + pimienta al gusto

DIRECCIONES:

1. **Saltear :** Caliente el aceite en una olla grande a fuego medio, agregue la cebolla y saltee por 5 minutos. Agregue el ajo, el jengibre, el comino, el cilantro, la cúrcuma y el pimentón, cocine 1 minuto más o hasta que estén fragantes. Agregue las zanahorias y el calabacín, cocine otros 7 minutos más o menos.

2. **Cocine a fuego lento:** agregue el caldo de verduras y deje hervir, cubra, reduzca el fuego a bajo y cocine a fuego lento durante 15 a 20 minutos.
3. **Agregue los INGREDIENTES:restantes:** apague el fuego, agregue la leche de coco y el jugo de limón.
4. **Puré:** Usando una licuadora de inmersión, haga puré de vegetales hasta que estén cremosos. Alternativamente, puede transferir la sopa a una licuadora de pie para hacer puré, puede tomar dos lotes según el tamaño de la taza de su licuadora.
5. **Calentar según sea necesario:** Regrese a fuego lento y caliente si es necesario.
6. **Servir:** Sirva con pan artesanal hecho en casa o galletas saladas si lo desea. Tuve un poco de aceite de oliva y chips de pita de sal marina con el mío. ¡Muy deliciosa!

7. **Almacenar:** Las sobras se pueden almacenar en el refrigerador durante 5 a 6 días, en recipientes tapados. También se puede congelar durante 2 a 3 meses. Deje descongelar antes de recalentar.

PATATAS FRITAS AL HORNO CASERO

INGREDIENTES:

- 2 papas medianas (yo usé doradas)

- 2 cucharaditas de aceite de oliva

- Del himalaya , al gusto vaya con calma ya que pueden ponerse demasiado salados

DIRECCIONES:

1. Precalentar el horno a 400 grados. Prepare una bandeja para hornear con papel pergamino o tapete de silicona.
2. **Prepare las papas:** con un cuchillo afilado, un procesador de alimentos o una mandolina, corte las papas en rodajas finas de aproximadamente 1/16 de pulgada. Seque las papas para eliminar el exceso de humedad. Mezcle las papas con aceite y sal en un tazón mediano (o puede ir al siguiente paso y cubrir

ligeramente cada lado con aceite mientras está en la bandeja para hornear con un cepillo de silicona, una cosa menos para lavar de esta manera, que era mi manera).

3. **Asado:** Coloque las papas en una sola capa en la bandeja para hornear, extiéndalas para que no se endurezcan entre sí. Coloque en el horno y hornee por 10 minutos.
4. Retire con cuidado del horno, gire cada chip y hornee otros 7 a 9 minutos, vigílelos hacia el final para que no se cocinen demasiado. Retire cualquiera que parezca estar listo o a punto de quemarse por completo. Una vez horneado, sacar del horno y dejar enfriar de 2 a 5 min.

frittata de verduras asadas

Ingredientes:

- 4 claras de huevo
- 1/2 cucharadita de orégano
- 2 cucharadas de queso, rallado
- 1/2 cucharadita de sal marina
- 1/2 remolacha, pelada y en rodajas
- 2 cucharaditas de aceite de oliva
- 1/3 taza de floretes de brócoli
- 1/2 pimiento amarillo, en rodajas

Direcciones:

1. Cubra las verduras con 1 cucharadita de aceite de oliva y sal.

2. Coloque las verduras en la bandeja para hornear y cocine a la parrilla a 180 C durante 15 minutos.
3. En otro tazón, mezcle las claras de huevo, el orégano y la sal.
4. Caliente el aceite de oliva restante en una sartén a fuego medio.
5. Extienda las verduras asadas en la sartén y luego vierta la mezcla de huevo sobre el
6. verduras.
7. Unta el queso sobre la mezcla de huevo y vegetales.
8. Tape y cocine a fuego lento durante 10 minutos o hasta que cuaje.
9. Servir y disfrutar.

Deliciosa sopa de coliflor

Ingredientes:

- 16 onzas de caldo de verduras
- 1 cebolla pequeña, picada
- 1/4 cucharada de aceite de oliva
- 1/2 cabeza de coliflor, cortada en cubitos
- 1 diente de ajo picado
- 1/2 cucharadita de sal

Direcciones:

1. Caliente el aceite de oliva en una cacerola a fuego medio.
2. Agregue la cebolla y el ajo en una cacerola y cocine por 4 minutos.
3. Agregue la coliflor y el caldo. Remueve bien y lleva a ebullición.

4. Cubra la cacerola con la tapa y cocine a fuego lento durante 15 minutos.
5. Sazonar con sal.
6. Usando una licuadora, haga puré la sopa hasta que quede suave y cremosa.
7. Servir y disfrutar.

Sopa Cremosa De Apio

Ingredientes:

- 1 cucharadita de eneldo seco
- 2 tazas de agua
- 1 cucharadita de aceite de oliva
- 1 taza de leche de coco
- 1 cebolla, en rodajas
- 1/2 cucharadita de pimienta negra
- 6 tallos de apio grandes, picados
- 1 cucharada de jugo de lima
- 1 cucharadita de sal

Direcciones:

1. Caliente el aceite de oliva en una cacerola a fuego medio.

2. Agregue la cebolla y saltee durante 3-4 minutos.
3. Agregue el apio y cocine por 3 minutos.
4. Agregue agua y sal y cocine a fuego lento durante 30 minutos a fuego medio.
5. Usando una licuadora, haga puré la sopa hasta que quede suave.
6. De nuevo cocine a fuego lento durante 5 minutos.
7. Sazone con jugo de limón, pimienta y eneldo.
8. Servir caliente y disfrutar.

RISOTTO A LA MILANESA

INGREDIENTES:

- Medio litro de caldo de verduras
- 150 gramos de parmesano
- Verdura rallada
- 1 vaso de vino blanco seco
- 320 gramos de arroz
- 50 gramos de mantequilla, vegetal
- Media cebolla
- 1 paquete de azafrán

Direcciones:

1. Picar finamente la cebolla y saltearla en una sartén con 25 g de mantequilla a fuego lento durante 2 minutos.

2. Vierta el arroz y tueste brevemente hasta que se vuelva transparente, revolviendo constantemente.
3. A continuación, añadir el vino blanco durante unos 3 minutos a fuego lento hasta que el vino se haya evaporado.
4. Verter parte del caldo y mezclar. Cuece el arroz añadiendo caldo de vez en cuando, cuando lo veas seco.
5. El arroz está cocido cuando está ligeramente blando por fuera y al dente por dentro.
6. En este punto, abra la bolsita de azafrán y vierta el polvo en el risotto.
7. Mezcle y agregue el parmesano rallado y la mantequilla vegetal restante, luego revuelva al fuego durante un par de minutos. Servir caliente.

RISOTTO CON PÉTALOS DE VINO ROSADO Y BLANCO

INGREDIENTES:

- 2 cucharadas de aceite
- 80 gramos de mantequilla vegetal
- 60 gramos de parmesano vegetal
- 30 g de chalotas
- 360 gramos de arroz superfino
- 2,5 litros de caldo de verduras
- 1/2 vaso de vino blanco seco
- 6 rosas rosadas

Direcciones:
1. De este excelente risotto de rosas, sigue escrupulosamente el paso a paso de siempre:

primero, dora la chalota picada en 40 gramos de mantequilla y aceite, tuesta el arroz, vierte por encima el vino blanco y, poco a poco, con la verdura caldo.

2. Cuando esté cocido, agregue los pétalos de rosa cortados en juliana y agregue la mantequilla restante y una pizca de queso.

3. Prepárate para sorprender con la receta de risotto de pétalos de rosa y vino blanco. ¡disfrute de su comida!

ESPAGUETI CON ALBÓNDIGAS VEGETALES DE LENTEJAS Y SETAS

INGREDIENTES:

- 1 taza de agua
- 250 gramos de champiñones champiñones
- 1 cucharada de salsa de soya
- 2 dientes de ajo
- 1/3 vaso de vino tinto
- 1/2 taza de caldo de verduras
- 1/2 kg de espaguetis número 5
- 1/2 taza de lentejas secas
- 2 hojas de laurel
- Salsa de tomate

Direcciones:

1. Poner las lentejas, el laurel y el agua en un cazo y llevar a ebullición.
2. Cocinar a fuego lento durante unos 10 minutos (las lentejas deben quedar bastante crudas). Retirar del fuego, escurrir y retirar la hoja de laurel.
3. Dejar enfriar a temperatura ambiente. Transfiera las lentejas y después de pelar los champiñones picados todo en un procesador de alimentos.
4. Debe ser una pasta gruesa. Mientras tanto dorar los ajos en una sartén con un chorrito de aceite, luego añadir la pasta de champiñones y lentejas.
5. Cocine por otros 5 minutos a fuego lento, revolviendo constantemente. Sombrearlo con un poco de vino tinto y dejar que se evapore.
6. Agregue las otras partes líquidas (salsa de soja y caldo) y las hierbas aromáticas y cocine a

fuego lento hasta que el líquido se absorba por completo. Retire del fuego y sazone con sal y pimienta.
7. Dejar enfriar y mientras tanto precalentar el horno a 150° (la cocción en el horno será más lenta pero también más ligera y saludable).
8. Forme y dé forma a unas 12 albóndigas con las manos (el número depende del tamaño deseado).
9. Disponer las bolitas así formadas sobre la bandeja de horno cubierta con papel de horno y hornear durante 40 minutos hasta que estén doradas, dándoles la vuelta un par de veces.
10. Cuando la pasta esté cocida y las albóndigas estén listas, combine todo en un tazón grande, sazone con una salsa de tomate ligeramente picante (si le gusta) y sirva bien caliente. ¡Disfrute de su comida!

Timbal de calabacín y ricotta

Ingredientes:

- 1 huevo
- 3 cucharadas de pan rallado
- 1 diente de ajo, finamente picado
- 2 cucharadas de perejil fresco picado
- Sal y pimienta
- 3 calabacines medianos
- 200 g de requesón
- 50 g de queso parmesano rallado
- Aceite de oliva virgen extra.

Direcciones:
1. Precalentar el horno a 180°C.
2. Pelar los calabacines y rallarlos finamente.

3. Exprimir el calabacín rallado para eliminar el exceso de agua.
4. En un tazón grande, combine el calabacín rallado, la ricota, el queso parmesano rallado, el huevo, el pan rallado, el ajo picado y el perejil.
5. Mezcla bien todos los INGREDIENTES:hasta obtener una mezcla homogénea.
6. Sazone con sal y pimienta según su gusto.
7. Prepare un molde para muffins engrasado o forrado con papel pergamino.
8. Rellena cada molde con la mezcla de calabacín y ricotta.
9. Hornea los timballini de calabacín y ricotta en el horno precalentado durante unos 20-25 minutos, o hasta que estén dorados en la superficie.
10. Retire los timballini del horno y déjelos enfriar un poco antes de sacarlos de los moldes.

11. Sirva los timballini de calabacín y ricotta como aperitivo, guarnición o plato ligero. Son deliciosos tanto fríos como calientes.
12. Puedes acompañarlo con una salsa de tomate fresco o con una salsa de yogur para enriquecer aún más el sabor.

Empanadas de quinoa y frijoles

Ingredientes:

- 2 dientes de ajo, finamente picados
- 1 cucharadita de pimentón dulce
- 1 cucharadita de comino en polvo
- 1/2 cucharadita de chile en polvo (opcional, si quieres un toque picante)
- 1/4 taza de perejil fresco, finamente picado
- Sal y pimienta
- 1 taza de quinua cocida
- 1 taza de frijoles negros o cannellini cocidos
- 1 cebolla mediana, finamente picada
- Aceite de oliva virgen extra para cocinar.

Direcciones:

1. En un tazón grande, combine la quinua cocida y los frijoles. Triture ligeramente los frijoles con un tenedor para crear una textura blanda, dejando algunos frijoles enteros para obtener más textura.
2. Agregue la cebolla picada, el ajo picado, el pimentón dulce, el comino, el chile en polvo (si lo desea), el perejil fresco, la sal y la pimienta. Mezcla bien todos los INGREDIENTES:hasta obtener una mezcla homogénea.
3. Forme albóndigas con las manos, tomando aproximadamente 1-2 cucharadas de mezcla para cada albóndiga. Aplane ligeramente las empanadas para formar una forma más plana.
4. Caliente un poco de aceite de oliva virgen extra en una sartén antiadherente a fuego medio.

5. Agregue las albóndigas a la sartén y cocine durante unos 4-5 minutos por cada lado, o hasta que estén doradas y crujientes.
6. Transfiera las empanadas a un plato forrado con toallas de papel para eliminar el exceso de aceite.
7. Sirva las empanadas de quinua y frijoles como aperitivo, guarnición o como parte de una comida principal. Puedes acompañar con una salsa de yogur o salsa de tomate para darle más sabor. Son ricos en proteínas vegetales y muy sabrosos.

Ensalada de cuscús con verduras y frutos secos

Ingredientes:

- 1 zanahoria, rallada
- 1/2 pepino, cortado en cubitos
- 1/4 taza de nueces, picadas en trozos grandes
- 1/4 taza de pasas (opcional)
- 2 cucharadas de perejil fresco, finamente picado
- Jugo de 1 limón
- 3 cucharadas de aceite de oliva virgen extra
- 1 taza de cuscús
- 1 taza de agua hirviendo
- 1 calabacín, cortado en cubitos

- 1 pimiento rojo, cortado en cubitos

- Sal y pimienta.

Direcciones:

1. Vierta el cuscús en un tazón grande y agregue el agua hirviendo. Cubra el recipiente con una tapa o un plato y déjelo reposar durante unos 5 minutos, o hasta que el cuscús haya absorbido toda el agua.
2. Pele el cuscús con un tenedor para separar los granos y que quede ligero y esponjoso.
3. En una sartén, caliente un poco de aceite de oliva virgen extra a fuego medio-alto. Añadir el calabacín, el pimiento rojo y la zanahoria rallada. Cocine las verduras durante unos 5-7 minutos, o hasta que estén tiernas pero aún crujientes. Sazone con sal y pimienta según su gusto.
4. En un tazón grande, combine el cuscús sin cáscara, las verduras salteadas, el pepino

cortado en cubitos, las nueces picadas, las pasas (si lo desea) y el perejil fresco.
5. En un tazón pequeño, mezcle el jugo de limón, el aceite de oliva virgen extra, la sal y la pimienta para hacer la vinagreta.
6. Vierta la vinagreta sobre la ensalada de cuscús y verduras y revuelva suavemente para combinar todos los ingredientes.
7. Deje reposar la ensalada en el refrigerador durante al menos 30 minutos para que los sabores se mezclen.
8. Antes de servir, sazone con sal y pimienta si es necesario y decore con hojas de perejil fresco.
9. La ensalada de cuscús con verduras y nueces está lista para disfrutarla como plato único o como guarnición. Es fresco, ligero y lleno de nutrientes.

Fuente De Coliflor Con Crema De Coco

INGREDIENTES:

- 1 cucharadita de stevia
- 125 g coliflor
- 75 g de brocoli
- 35 g de queso vegetariano
- 40 ml de crema de coco
- 75 ml de queso vegetariano
- 10 g de mantequilla
- 1 lata de leche de coco (400 ml)
- 1 taza de coco rallado (100 gramos)
- 1 rebanada de coco
- 1 cucharada sopera de harina de coco

- 1/3 cucharadita de ajo en polvo

- Sal y pimienta a gusto

Direcciones:

1. Precalentar el horno a 180°C
2. Hervir el brócoli hasta que esté tierno.
3. Cuando termines, colar y desechar el agua. Añadir el queso crema, la crema de coco batida, la sal, la pimienta y el ajo en polvo.
4. Hacer puré con una licuadora de mano hasta que quede suave.
5. Engrasar una fuente para hornear con mantequilla y colocar el resto de la mantequilla en trozos en la fuente para hornear.
6. Cortar la coliflor en pequeños floretes y agregar a la fuente de horno.Echar la salsa de crema de brócoli sobre los floretes y cubrir con queso rallado.

7. Hornear durante 40 minutos o hasta que la coliflor esté tierna y la parte superior esté dorada.

Ensalada a la Romana

INGREDIENTES:

- 30 gramos de queso vegetariano a gusto
- ½ aguacate
- ½ tomate
- 1 cucharada de aceite de oliva
- 1 lechuga Romana pequeña

Direcciones:

1. Lave la lechuga y cortela en trozos para ensalada, vierta mezcle los INGREDIENTES:y sazone con el aceite de oliva y sal a gusto. Sirva

Ensalada de tomate y queso vegetariano

INGREDIENTES:

- 1 tomate
- ½ taza de albahaca fresco
- Aceite de oliva a gusto
- 6 oz de queso vegetariano a gusto
- Pimienta a gusto y sal marina

Direcciones:

2. En un procesador mezcle la albahaca con 2 cucharaditas de aceite de oliva para hacer una pasta
3. Corte el tomate en rebanadas.
4. Obtenga 6 rebanadas de tomate
5. Corte queso vegetariano en rebanadas
6. En un plato coloque primero el tomate, luego el queso y por último la pasta de albahaca

7. Condimente con sal y pimienta y un poco de aceite de oliva

PIZZA CON CEBOLLA Y QUESO DE CABRA

Ingredientes:

Para la masa:

- 1 kg de harina
- 20 g de sal
- 6 cdas. de aceite
- Agua c/n
- 30 g de levadura
- 1 cda de azúcar
- 1/2 taza de agua tibia

Para la cubierta:

- 1 kg de cebolla
- 100 ml de vino tinto

- 50 ml de miel de abeja

- Aceite de Oliva

- Salsa de tomate

- 100 g de queso mozzarella

- 50 g de queso parmesano

- 100 g de queso de cabra

Direcciones:

1. Saltear las cebollas en aceite de oliva, cuando estas tengan algo de color, incorporar la miel y el vino tinto, esperar a que merme y luego dejar reposar.
2. Para la masa, mezclar todos los ingredientes:en un bol, hasta crear un compuesto uniforme y homogéneo.
3. Colocar la masa en una bandeja circular, expandirla hasta que tome la forma. Colocar

la salsa de tomate, donde cubra toda la superficie.
4. Espolvorear el queso parmesano rallado, el mozzarella y el queso de cabra. Luego colocar las cebollas de manera uniforme.
5. Introducir al horno, con 180° c ya pre calentado, para mantenerlo allí por 15 minutos, retirar y colocar aceite de oliva y cebolleta bien picada.

PIZZA VEGETARIANA DE CUATRO QUESOS

Ingredientes:

- 1 taza de queso mozzarella rallado.
- ¼ taza de queso roquefort y queso azul.
- ½ taza de queso provolone.
- ¼ taza de queso parmesano rallado.
- ½ cda romero picado.
- 1 paquete masa de tarta.
- 3 dientes de ajo finamente picados.
- ½ cda tomillo picado.

Direcciones:

1. Precalentar el horno a 180° C, unos 15 minutos. En un recipiente combinar el ajo

lavado y picado, con aceite de oliva, romero y tomillo.
2. Colocar en una bandeja, aceitada, una tapa de masa sobre la otra, luego compactar los extremos y pinchar la superficie con un tenedor.
3. Hornear por espacio de 15 minutos, luego que haya dorado la masa, retirar y colocar todos los quesos sobre esta, de la misma manera agregar el aceite con los ajos y las especies. Por ultimo volver a colocar dentro del horno hasta que todo el queso se hay derretido. Retirar y servir caliente.

PIZZA VEGETARIANA

Ingredientes:

- 200 g de queso mozzarella rallado.
- 80 g de queso parmesano.
- 1 atado de rúcula.
- 2 tapa de tarta.
- 3 cebollas cortadas en julianas.
- 2 cdas. de azúcar.
- Aceite de oliva.

Direcciones:

1. Colocar una tapa de tarta sobre la bandeja, aceitada previamente.
   Colocar sobre su superficie la mitad del queso mozzarella, luego colocar la otra tapa y pinchar con un tenedor.

2. Colocar en el horno a 180° por espacio de 15 minutos.
3. En una sartén se rehoga, en aceite de oliva, las cebollas, colocándole las dos cucharadas de azúcar con la finalidad de que se caramelicen.
4. Retirar del horno la pizza, colocar el resto del queso mozzarella, las cebollas y el queso parmesano.
5. Luego volver a introducir al horno por unos 5 minutos. Retirar y poner en la superficie de esta, la rúcula y un poco de aceite de oliva. Servir caliente.

Pudín de desayuno con semillas de chía y vainilla

Ingredientes:

- 1/2 taza de semilla de chía
- 1/2 vaina de vainilla
- Bayas de temporada de tu elección.
- 2 tazas (sin azúcar agregada) de leche de almendras
- 2 cucharadas miel cruda
- Almendras para cubrir

Direcciones:
1. Mezclar la leche de almendras, las semillas de chía, la vaina y la miel en un bol (tamaño grande).
2. Tapar la mezcla y meter en el frigorífico a reposar toda la noche o al menos 90 minutos.

3. Agrega un poco de agua si la mezcla está demasiado espesa.
4. Sirva con algunas almendras picadas y frutos rojos encima.

Baya de coco al horno

Ingredientes:

- 1/2 taza (sin azúcar agregada) de leche de almendras
- 2 fresas medianas, en rodajas
- 1 cucharada arándanos secos
- 1 cucharadita aceite de coco
- 1 libra de coco rallado
- 1 cucharada canela, molida

Direcciones:
1. Precaliente el horno a 350 grados F. Cubra una bandeja para hornear con papel pergamino.
2. Engrasarlo ligeramente con un poco de aceite de coco.

3. Coloca los copos de coco sobre el papel de horno.
4. Hornee durante 4-5 minutos para que se tuesten bien y se doren ligeramente.
5. Sácalas y mézclalas con la canela.
6. En un tazón para servir, agregue las bayas y la leche mezclar con algunas hojuelas y servir.

Desayuno de quinua y arándanos

Ingredientes:

- 1/2 taza de quinua cocida natural
- 1/3 taza (sin azúcar agregada) de leche de almendras Para la cobertura:
- 1/2 taza de arándanos frescos 1 cdta. canela
- 1 cucharada mantequilla de almendras
- 1 cucharada Almendras picadas

Direcciones:

1. Mezcla la quinua, la leche y la mantequilla de almendras en un bol.
2. Agrega algunos arándanos y cubre con la canela.
3. ¡Agrega algunas almendras encima y sirve!

Mini quiche keto de champiñones

Ingredientes:

- ¼ de taza de cebolleta, picada
- 4 huevos
- ¼ taza de leche
- ½ taza de queso suizo rallado
- ¼ taza de champiñones frescos, picados
- 1 taza de agua

Direcciones:

1. Con una bandeja para huevos de silicona o resistente al calor, divida el queso de manera uniforme entre las tazas en la bandeja, presionando el queso en el fondo de las tazas.
2. Divide los champiñones y las cebollas entre las tazas, colocándolos encima del queso.

3. Combine los huevos en un procesador de alimentos o licuadora. Condimentar con sal y pimienta. Licue hasta que los INGREDIENTES:estén bien combinados y suaves, aproximadamente de 30 segundos a un minuto. Vierta la mezcla en las tazas encima del queso, los champiñones y la cebolla.
4. Coloque la rejilla de la vaporera en una olla vaporera y agregue el agua.
5. Coloque con cuidado la bandeja sobre la rejilla de la vaporera.
6. Tapar la olla.
7. Deje hervir el agua y cocine al vapor durante 15 minutos.
8. Después de unos minutos de enfriamiento, saque las mini quiches de la bandeja y sirva inmediatamente.

Crepes de huevo

Ingredientes:

- 6 huevos
- 5 oz. queso crema, ablandado
- 1 cucharadita. canela
- 1 cucharada. edulcorante sin azúcar
- 1 cda. mantequilla (para saltear)

de relleno:

- 8 cucharadas mantequilla ablandada
- 1/3 taza de edulcorante sin azúcar
- 1 cda. canela

Direcciones:

1. Mezcle los primeros cuatro INGREDIENTES:en una licuadora hasta que quede suave. Deje reposar la masa durante 5 minutos.
2. Caliente 1 cucharada de mantequilla en una sartén antiadherente a fuego medio.
3. Vierta la masa en la sartén para formar una capa delgada de aproximadamente 6 pulgadas de diámetro. Cocine durante unos 2 minutos, luego voltee y cocine por un minuto más.
4. Retire la crepa y colóquela en un plato caliente. Repita hasta que se acabe la masa. Debería producir alrededor de 8 crepes.
5. Mezcle el edulcorante y la canela en un tazón pequeño.
6. Revuelva la mitad de la mezcla en la mantequilla ablandada hasta que quede suave.
7. Unte 1 cucharada de la mezcla en el centro de cada crepe.

8. Enrolla la crepe y espolvoréala con la mezcla de edulcorante y canela.

Sopa Cremosa De Calabaza

Ingredientes:

- 1 ½ cucharadita. sal
- ½ cucharadita pimienta negra
- 5 tazas de caldo de verduras
- 10 tazas de calabaza moscada en cubos
- 1 cucharada. aceite de oliva
- 1 cebolla picada
- 4 dientes de ajo, picados
- 1 taza de crema espesa

Direcciones:

1. Caliente el aceite en una sartén pesada a fuego medio-alto. Agregue la cebolla, el ajo, la sal y la pimienta y saltee, revolviendo, hasta que la cebolla esté transparente.
2. Agregue la calabaza y el caldo a una olla grande. Transfiera las verduras a la olla.
3. Deje hervir a fuego lento y cocine hasta que la calabaza esté tierna, aproximadamente 20 a 30 minutos. Agregue agua si es necesario durante la cocción.
4. Agregue la crema, revolviendo para combinar. Si tiene una licuadora de inmersión, úsela para hacer puré la sopa en la olla. De lo contrario, transfiera la sopa a una licuadora o procesador de alimentos y mezcle hasta obtener un puré suave.
5. Sirva caliente.

Risotto de Lentejas

Ingredientes:

- 1 cebolla grande, picada
- 5 tazas de caldo de verduras o más si es necesario
- 5 dientes de ajo picados
- 2 cucharadas de perejil picado
- 2 tallos de apio picados
- 1 cucharada de aceite de oliva
- 1 1/2 tazas de lentejas secas, remojadas en agua durante la noche, escurridas
- 1 1/2 tazas de arroz arborio
- Sal al gusto

- Pimienta en polvo al gusto

Direcciones:

1. Coloque una sartén grande de fondo grueso a fuego medio. Agregar el aceite. Cuando el aceite esté caliente, agregue la cebolla y el ajo y saltee hasta que esté transparente.
2. Agregue los INGREDIENTES:restantes y revuelva. Llevar a hervir.
3. Bajar el fuego, tapar y cocinar hasta que esté cocido. Si encuentra que las lentejas no están cocidas y no hay más líquido en la sartén, agregue un poco más de caldo o agua.
4. Revuelva las especias y ajuste si es necesario.
5. Sirva caliente.

Tarta de pastor vegano a la manera tradicional

Ingredientes:

Para la capa de puré de patatas:

- 5 cucharadas de queso crema vegano
- 3/4 taza de mayonesa vegana
- 1/3 taza de aceite de oliva
- 8 papas rojo óxido, peladas y cortadas en cubitos
- 3/4 taza de leche de soja
- Sal al gusto

Para la capa inferior:

- 1/3 taza de guisantes congelados
- 3 zanahorias medianas, picadas

- 1 tomate grande, picado

- 3 dientes de ajo picados

- 1 1/2 paquetes (14 onzas cada uno) de sustituto de carne vegano, desmenuzado

- Pimienta negra en polvo al gusto

- 2 cucharaditas de condimento italiano

- 2 cebollas medianas, picadas

- 5 tallos de apio picados

- 3/4 taza de queso cheddar vegano, triturado

- 2 cucharadas de aceite vegetal

Direcciones:
1. Para la capa de puré de papas: Coloque una cacerola llena de agua y papas a fuego medio. Llevar a hervir.

2. Bajar el fuego y cocinar hasta que las patatas estén tiernas. Escurrir en un colador.
3. Coloque las patatas en un bol. Agregue mayonesa, leche de soja, aceite, queso crema y sal y haga puré hasta que quede cremoso con un machacador de papas.
4. Para hacer la capa inferior: Coloque una sartén a fuego medio. Agregar el aceite. Cuando el aceite esté caliente agregue las verduras y cocine hasta que estén tiernas.
5. Agregue las especias italianas, el ajo y la pimienta y revuelva.
6. Agregue el sustituto de carne y cocine hasta que esté completamente caliente.
7. Poner en una fuente de horno engrasada. Distribuya todo por la cancha.
8. Luego, esparza la mezcla de puré de papas por encima.
9. Espolvoree queso.

10. Hornee en un horno precalentado a 400 ° F hasta que la parte superior esté dorada.

Arroz de espinacas y zanahoria

Ingredientes:

- 2 cucharadas de aceite de oliva
- 1 cucharadita de semillas de comino
- 2 cardamomo negro
- Rama de canela de 2,5 cm de largo
- 2 chiles verdes, raja
- 1/2 cucharadita de hojuelas de chile rojo
- 2 cucharaditas de sal
- 2 tazas de arroz de grano largo, enjuagado
- 1 cebolla grande, en rodajas finas
- 3 tazas de espinaca, en rodajas finas
- 2 zanahorias grandes, ralladas

- 3 1/2 tazas de agua

Direcciones:

1. Ponga una sartén de fondo grueso a fuego medio. Agregar el aceite. Cuando el aceite esté caliente agregue el comino.
2. Cuando crepite, agregue el cardamomo, la canela, la cebolla y fría hasta que esté transparente.
3. Agregue el resto de los INGREDIENTES:excepto la sal y el agua. Freír durante 3 minutos.
4. Agregue sal y agua y revuelva. Llevar a hervir.
5. Reducir el fuego, tapar y cocinar hasta que el arroz esté al dente. Abra la tapa, afloje con un tenedor y sirva con yogur.

REVUELTO DE TOFU DEL SUROESTE

INGREDIENTES:

- 1/2 cucharadita de cúrcuma

- 1/2 cucharadita de ajo en polvo

- 1/2 cucharadita de comino

- 1 cucharadita de hojuelas de pimiento rojo o 1/4 de cucharadita de pimienta de cayena

- del Himalaya , al gusto

- 1 o 2 cucharadas de levadura nutricional, opcional para un sabor a queso

- 1 cucharada de aceite de oliva o 1/4 taza de agua para saltear al agua

- 1 bloque (14 – 16 oz) de tofu orgánico, firme o extra firme

- 1/2 cebolla, picada

- 6 onzas. champiñones, en rodajas

- 1 taza de floretes de brócoli

- un puñado de tomates cherry, enteros o partidos por la mitad (o 1 tomate grande cortado en cubitos)

- un puñado grande de verduras (espinacas, col rizada o acelgas)

Servir:

- palta

- salsa o pico de gallo

- cilantro, opcional

- cebollas verdes en rodajas, opcional

DIRECCIONES:

1. **Escurrir el tofu.** No es necesario presionar y sacarlo todo, lo cocinaremos el tiempo suficiente en la estufa para eliminar la humedad restante. Ponga el tofu a un lado.
2. **Saltee la cebolla:** en una sartén o wok, caliente el aceite a fuego medio, agregue las cebollas y saltee durante 4 minutos.
3. **Agregue tofu:** Agregue tofu a la sartén mientras desmenuza los trozos entre sus dedos, cocine por 4 minutos.
4. **Agregue verduras y especias:** agregue los champiñones, el brócoli, los tomates, el comino, la cúrcuma, el ajo en polvo, la sal, la pimienta y las hojuelas de pimiento rojo, cocine por 5 minutos.
5. **Agregue verduras de hojas verdes y ' nooch ':** agregue las verduras y la levadura nutricional, revuelva y cocine hasta que las verduras se ablanden y se marchiten. Retire la sartén del fuego.

6. Sirve con salsa, aguacate y sazona más al gusto.
7. **Almacenar:** Las sobras se pueden guardar en el refrigerador hasta por 4 días, en un recipiente tapado.

BOK CHOY Y SOPA DE TALLARINES SOBA CON CHAMPIÑONES SILVESTRES

INGREDIENTES:

- 2 – 3 cucharadas de miso (usa tu favorito)
- 4 tazas de agua
- 2 – 4 onzas tofu en cubos, opcional
- 1 paquete (9 oz) de fideos soba
- 4 onzas. shiitake, ostra o champiñones (ver notas para el uso de champiñones silvestres secos)
- 2 – 3 libros de bebé choy , puntas recortadas

Guarnación:

- 2 cebolletas, en rodajas
- ramitas de cilantro fresco

- semillas de sésamo

- hojuelas de pimiento rojo (opcional)

DIRECCIONES:

1. **Fideos:** cocine los fideos soba según el paquete, enjuague con agua fría y reserve.
2. **Champiñones salteados:** en un wok o sartén mediano, caliente 1 cucharada de aceite de sésamo oscuro o 1/4 taza de agua a fuego medio-alto, agregue los champiñones frescos picados y saltee durante 4 a 5 minutos. Agregue un poco de tarmari para darle un poco más de sabor.
3. **Agregue los INGREDIENTES:restantes:** reduzca el fuego a medio, vierta 4 tazas de agua en la sartén y agregue el bok choy _ Agregue el miso y revuelva suavemente para disolver.
4. Cocine a fuego medio a medio-bajo durante 10 a 15 minutos, o hasta que se dore. choy

esté tierno, revolviendo ocasionalmente (no deje que la sopa hierva). Agregue el tofu opcional a la sopa para que se caliente.

5. **Armar:** En tazones para servir individuales, agregue 1/2 fideos soba y cubra con 1/2 bok choy , champiñones. y caldo de miso por encima. Cubra con cebolletas en cubos, ramitas de cilantro y semillas de sésamo.

6. **Almacenar:** Las sobras se pueden guardar en el refrigerador hasta por 3 o 4 días, en un recipiente tapado.

ENVOLTURA DE HUMMUS DE LENTEJAS Y TOMATES SECOS

INGREDIENTES:

- Hojuelas de pimienta roja

- Sal mineral

- Humus de tomate secado al sol

- 1 1/2 tazas de garbanzos frescos cocidos (garbanzos) o 1 lata (15 oz) de garbanzos

- 2 – 3 cucharadas de tomates secados al sol, picados

- 1/4 taza de tahini (o cortado por la mitad y use 2 cucharadas de aceite de oliva virgen extra)

- 1 diente de ajo

- 1/2 cucharadita de pimentón (regular o ahumado)

- 1/2 cucharadita de sal mineral, o al gusto

- Jugo de 1 limón o 1 – 2 cucharadas de jugo de limón

- Lavash (preferiblemente de grano integral) o tortillas de harina

- 1/2 taza de lentejas cocidas, por wrap

- Verduras de hoja verde (yo usé lechuga romana)

- 1/4 – 1/3 taza de agua, según sea necesario

DIRECCIONES:

Humus de tomate secado al sol:

1. Si usa tomates secados al sol envasados, remoje los tomates en agua durante unos 15 minutos para que se ablanden, reserve el

agua. Si están súper frescos, no es necesario remojarlos, solo córtalos y úsalos. Use el agua restante según sea necesario cuando la agregue al hummus. Si usa tomates secados al sol embotellados en aceite, utilícelos como están.

2. Coloque todos los INGREDIENTES:en el procesador de alimentos/licuadora, excepto el agua. Mezcle hasta que esté cremoso, aproximadamente 3 minutos, agregando agua según sea necesario para diluir. Usé aproximadamente 1/3 taza de agua porque me gusta mi hummus en el lado húmedo y delgado.

3. Las sobras se pueden almacenar en el refrigerador hasta por 5 a 6 días.

Arme su envoltura:

4. Coloque su pan lavash sobre una superficie plana. Extienda una buena capa de hummus sobre 3/4, cubra con aproximadamente 1/2

taza de lentejas por encima, espolvoree con hojuelas de pimiento rojo y sal mineral, agregue verduras de hoja verde por encima. Enrolle suavemente, pero lo más apretado que pueda. ¡Corta por la mitad y disfruta!
5. Almacenar: Las envolturas se pueden almacenar en el refrigerador hasta por 2 días en recipientes tapados. Se comen mejor dentro de las 24 horas posteriores a su elaboración.

Huevo De Aguacate Al Horno

Ingredientes:

- 6 huevos grandes
- 1/4 cucharadita de hojuelas de pimiento rojo
- 1/4 cucharadita de pimienta negra molida
- 3 aguacates, partidos por la mitad y sin semillas
- 2 cucharadas de cebollín fresco, picado
- 1/4 cucharadita de sal

Direcciones:

1. Precaliente el horno a 425 F.
2. Rocíe una bandeja para hornear con aceite en aerosol y reserve.

3. Saque aproximadamente 2 cucharadas de pulpa de aguacate para crear un pequeño agujero en el centro de cada aguacate.
4. Rompa suavemente 1 huevo en el agujero del aguacate.
5. Sazone con hojuelas de pimiento rojo, pimienta y sal.
6. Repita lo mismo con el resto del aguacate y el huevo.
7. Coloque el huevo de aguacate preparado en la bandeja para hornear y hornee en horno precalentado durante
8. 15-20 minutos o hasta que la clara de huevo cuaje.
9. Decorar con cebollino picado y servir.

www.ingramcontent.com/pod-product-compliance
Lightning Source LLC
LaVergne TN
LVHW021239080526
838199LV00088B/4734